VOYEZ L'A

Apprenez À Percevoir Et Décoder
L'Aura Grâce à Une Technique Simple
Et TRÈS Efficace

(Série : Droit Au But ! Vol. 4 - Toutes les thématiques exposées,
toutes les techniques révélées... simplement et sans fioritures !)

Rochelle Dixon

Copyright © 2017, Rochelle Dixon. Tous droits réservés.

Table des matières

Comment voir et lire l'aura 4
   Qu'est-ce que l'aura ? 5
   Pourquoi avons-nous besoin de voir les auras ? 7
   Les enfants et l'aura 10
Nos yeux 11
   Comment voir l'aura : développement de la vision auriculaire 12
   Vision périphérique 12
   Augmentation de l'exposition 13
   Exercice de concentration 1 14
   Exercice de concentration 2 15
   Niveaux avancés de concentration 17
   Couleurs et paires auriques 18
Voir les auras 21
   Prendre une « photo instantanée » de l'aura 22
   Observer l'aura d'autres personnes 23
   Comment voir votre propre aura 23
   Vision aurique et images résiduelles 24
   Signification de l'aura et de ses couleurs 25
      Signification des couleurs originelles dans l'aura 27
      Signification des couleurs altérées dans l'aura 30
   Amplification des vibrations de l'aura et bio-énergie 31
   Assortir votre aura à l'environnement 32
   Suppression de la négativité dans l'aura 34
Conclusion 38
BONUS : Le corps astral 39
   Expérience pour voir votre corps astral 40
Merci ! 42

Comment voir et lire l'aura

Il n'y a rien de paranormal dans l'univers, excepté notre compréhension limitée de la nature. Ce que nous pensons savoir sur Terre actuellement est juste une petite goutte dans l'océan de la connaissance.

Dans un passé lointain, les gens vénéraient les choses qu'ils ne pouvaient pas expliquer et les appelaient des miracles. Il y a longtemps, les gens pouvaient voir les auras. Des êtres spirituellement avancés tels que le Bouddha, le Christ et leurs disciples immédiats ont été peints avec des halos dorés autour de la tête, parce que certains artistes pouvaient effectivement voir les auras. En Australie, à l'ouest de Kimberley, on trouve des peintures rupestres préhistoriques datant de plusieurs milliers d'années et dépeignant des personnages avec ces halos dorés. La nature nous a donné TOUT ce dont nous avions besoin pour voir les auras. La seule chose requise est de savoir comment utiliser nos sens, par un effort conscient. Si vous choisissez de ne pas essayer, vous ne verrez JAMAIS l'aura. D'un autre côté, quand vous VOYEZ quelque chose par vous-même, vous n'avez plus besoin de compter sur la croyance de quelqu'un d'autre. Vous SAVEZ. Et vous pouvez utiliser vos connaissances pour en savoir encore plus.

Beaucoup de grandes figures du passé ont déploré le fait que « nous avons des yeux pour voir et nous ne voyons pas ». Plus loin dans ce livre, vous découvrirez ce qu'ils voulaient dire.

N'IMPORTE QUI peut voir les auras dans une certaine mesure. Plutôt que de créer une aura de mystère (c'est le cas de le dire) autour de mes compétences dans ce domaine, mon approche est de vous montrer ce que vos yeux sont capables de voir. Si quasiment tout le monde (y compris les enfants) voit une chose similaire, alors on peut considérer que cela fait partie de notre vraie nature et que cela mérite notre attention.

Qu'est-ce que l'aura ?

Tout dans l'univers semble être juste une vibration. Chaque atome, chaque partie d'un atome, chaque électron, chaque « particule » élémentaire, même nos pensées et notre conscience ne sont que des vibrations. Par conséquent, nous pouvons définir l'aura comme la réponse vibratoire électro-photonique d'un objet à une excitation externe (telle qu'une lumière ambiante, par exemple). Cette définition est suffisante pour lire les auras, à condition que nous nous entraînions à voir la vibration de l'aura.

La propriété la plus importante de l'aura semble être le fait qu'elle contient des INFORMATIONS sur les objets.

L'aura autour des objets vivants (c'est-à-dire conscients : personnes, plantes, etc...) change avec le temps, parfois très rapidement. L'aura autour des objets non-vivants (pierres, cristaux, eau...) est essentiellement fixe, mais peut être changée par notre intention consciente. Ces faits ont été observés par des scientifiques en Russie, qui ont utilisé l'effet Kirlian pour étudier les auras durant les 50 dernières années.

L'aura autour des humains est en partie composée de rayonnements EM (électromagnétiques), s'étendant du micro-ondes, en passant par l'infrarouge (IR) et jusqu'à la lumière ultra-violette (UV). La partie basse fréquence des micro-ondes et de l'infrarouge du spectre (la chaleur corporelle) semble être liée aux faibles niveaux de fonctionnement de notre corps (structure de l'ADN, métabolisme, circulation, etc.) alors que la haute fréquence (partie UV) est davantage liée à notre conscience, la créativité, les intentions, le sens de l'humour et les émotions. Les scientifiques russes, qui ont environ trois décennies d'avance sur tout le monde dans la recherche sur les auras, ont fait des expériences suggérant que notre ADN peut être modifié, en influençant les micro-ondes de l'aura. La partie UV à haute fréquence est très importante et très intéressante, mais largement inexplorée. Et cette partie peut être vue à l'œil nu.

Pourquoi avons-nous besoin de voir les auras ?

Les couleurs et l'intensité de l'aura, surtout autour et au-dessus de la tête, ont des significations TRÈS spéciales. En regardant l'aura de quelqu'un, vous pouvez réellement voir les pensées de cette personne avant de les entendre verbalement. Si elles ne sont pas en accord avec ce que cette personne dit, vous voyez effectivement le mensonge à chaque fois. Personne ne peut mentir en face de vous sans être détecté. Nous ne pouvons pas fausser l'aura. Elle montre notre vraie nature et nos intentions à tous.

L'aura est également notre signature spirituelle. Lorsque vous voyez une personne avec une aura lumineuse et propre, vous pouvez être SÛR que cette personne est bonne et spirituellement avancée, même si elle est modeste et n'en est pas consciente. Lorsque vous voyez une personne avec une aura grise ou sombre, vous pouvez être presque SÛR que cette personne a des intentions peu claires, quoiqu'elle vous semble impressionnante, éloquente, éduquée ou bien propre sur elle.

Il est particulièrement important de vérifier l'aura d'un leader religieux, d'un « professeur spirituel », d'un « maître » ou d'un « gourou ». Une telle personne doit avoir un halo jaune-doré clairement défini autour de la tête. Si ce n'est pas le cas, vous êtes beaucoup mieux sur votre propre chemin.

Rejoindre une secte ou une religion qui est dirigée par des gens incompétents sans une bonne aura est très dangereux pour votre conscience. Où est le danger ? Quand vient le moment d'**utiliser** concrètement l'information stockée dans votre conscience durant votre vie, vous risquez de ne rien trouver là de bien utile si vous vous concentrez sur les rites de tierces personnes et que vous faites seulement partie d'un « troupeau ». Dans ce cas, il est nécessaire de tout ré-apprendre depuis le début. La plupart des leaders de sectes, des religieux et des politiques n'ont que deux choses à l'esprit : l'argent et le pouvoir de contrôler les gens. Et vous pouvez le VOIR par vous-même dans leurs auras. Imaginez les changements sur Terre si la majorité des gens pouvaient voir les auras de leurs leaders et les choisir sur cette base.

En lisant l'aura, il semble possible de diagnostiquer des dysfonctionnements dans le corps (des maladies) bien avant que les symptômes physiques ne deviennent évidents. En contrôlant consciemment votre aura, vous pouvez réellement vous guérir.

Cependant, la guérison du corps physique n'est rien en comparaison de ce que la vision et la lecture des auras peuvent faire pour notre éveil, notre développement spirituel et notre conscience de la Nature.

Tout le monde a une aura. Mais la plupart des gens sur cette Terre ont des auras ternes et TRÈS FAIBLES. Cela semble être une conséquence directe de leur attitude matérialiste tout au long de leur vie, qui nie et supprime le développement de la conscience, en cultivant la peur, l'envie, la jalousie et d'autres émotions similaires. Une telle attitude supprime leur vraie nature, et leurs auras semblent aussi en pâtir.

Lorsque vous apprenez à voir les auras, préparez-vous à devoir répondre régulièrement à une question VRAIMENT DIFFICILE : « Pouvez-vous me dire ce que vous voyez dans mon aura ? ». Dans certaines situations, vous ne voyez pas d'aura du tout, ou vous voyez quelque chose dont vous ne voulez pas parler. Une des meilleures réponses que j'ai trouvé est « Pourquoi n'apprenez-vous pas à la voir vous-même ? ». C'est l'une des principales raisons pour lesquelles j'enseigne aux gens à voir les auras.

Quand les gens se rendent compte que leur aura est exposée et que beaucoup de gens sont capables de la voir, ils commencent à faire attention à ce qu'ils pensent. Ils essaient de voir et d'améliorer leur propre aura. Au cours de ce processus, ils deviennent meilleurs et plus sages, et sont capables de reconnaître les intentions des autres. Le monde deviendrait certainement bien meilleur si tout le monde pouvait voir et lire les auras.

Les enfants et l'aura

Les très jeunes enfants (jusqu'à 5 ans) voient les auras naturellement. Les nourrissons regardent souvent au-dessus de la personne qui se trouve devant eux. Quand ils n'aiment pas la couleur de l'aura au-dessus de la tête de ladite personne, ou si cette couleur est très différente de celle de l'aura de leurs parents, ils pleurent, peu importe combien la personne leur sourit.

Les enfants ont des auras beaucoup plus propres et plus puissantes que la plupart des adultes, qui sont habituellement totalement asservis par le monde matérialiste et dévoient leur nature profonde en suivant des exemples superficiels. Quand j'ai enseigné à mon fils de 12 ans à voir sa propre aura, il m'a dit que quand il était petit, il pouvait voir les auras la plupart du temps. Mais comme personne ne semblait y porter une attention spéciale, il pensait que ce n'était pas important ou qu'il y avait peut-être quelque qui clochait avec sa vue. C'est un scénario typique. À mon avis, les enfants devraient apprendre à voir et à lire les auras dès l'école primaire, afin de ne jamais perdre cette capacité naturelle.

Nos yeux

Avec nos yeux, nous pouvons détecter (percevoir) une gamme très étroite de fréquences de vibrations électromagnétiques (EM) correspondant à des longueurs d'onde de 0,3 à 0,7 micromètres - du violet au rouge. Nous percevons avec nos yeux un mélange des fréquences vibratoires dans la gamme ci-dessus en tant que couleurs. Nous pouvons mesurer précisément ce mélange en enregistrant un spectre de lumière, mais uniquement en utilisant des instruments spéciaux, appelés spectrophotomètres.

Les couleurs perçues par nos yeux ne sont que la perception partielle d'une réalité beaucoup plus complexe : la vibration complexe de la lumière (et d'autres vibrations aussi). Pour expliquer cela, nous devons définir le spectre et expliquer comment nous percevons la couleur avec nos yeux.

Comment voir l'aura : développement de la vision auriculaire

Dans notre effort pour voir l'aura nous devons :

- Augmenter la sensibilité de nos yeux ET
- Étendre la gamme de vibrations perçues au-delà de la lumière visible.

Nous pouvons accomplir ce qui précède en :

- Utilisant et entraînant notre vision périphérique
- Augmentant l'exposition
- Améliorant le traitement des sensations visuelles dans le cerveau – c'est-à-dire en améliorant la communication entre les hémisphères gauche et droite du cerveau

Vision périphérique

Pourquoi devrions-nous utiliser notre vision périphérique ? Notre rétine (le plan focal de l'œil contenant les cellules photosensibles) y est moins endommagée que dans la partie centrale. La partie centrale de la rétine est constamment utilisée, et au fil des ans elle subit une accumulation de dégâts causés par une illumination excessive et/ou artificielle (TV, ordinateurs, lumière artificielle, etc.). Ainsi, nous avons habitué notre vision centrale à être utilisée d'une certaine façon au fil des ans.

Les jeunes enfants voient les auras beaucoup plus facilement parce que leur vision centrale n'est pas encore endommagée. Une fois qu'ils vont à l'école, on leur enseigne à utiliser leur vision d'une certaine façon, et peu à peu ils perdent leur vision aurique naturelle.

Augmentation de l'exposition

Lorsque nous voulons faire une photo d'une scène sombre, nous devons augmenter le temps d'exposition du film. Nous pouvons accomplir la même chose avec nos yeux en nous concentrant précisément sur UN endroit durant quelques instants (30 à 60 secondes environ).

Lorsque nos yeux se déplacent, ou qu'une scène se déplace devant nos yeux, les images sont équilibrées par notre œil (25 images par seconde pour un mouvement fluide). Lorsque nous nous concentrons sur un seul point, nous augmentons notre sensibilité parce que nous équilibrons la lumière entrante, cumulant ainsi ses effets.

Nos cellules photosensibles (pour le rouge, le vert et le bleu) fonctionnent comme des capteurs de vibration, tout comme trois récepteurs radio raccordés aux trois couleurs RVB. Lorsque vous avez besoin d'obtenir une large vibration, vous pouvez utiliser une force d'excitation très faible, mais en persistant. En concentrant vos yeux sur un seul point, vous obtenez un effet similaire : avec une très légère stimulation, vous pouvez progressivement faire basculer vos cellules photosensibles vers une plus grande vibration, ce qui entraîne une sensation visuelle perçue par le cerveau.

Exercice de concentration 1

Placez l'image de la figure 1 à environ 1,5 m en face de vous. Fixez la tache noire pendant 30 secondes environ et observez les disques colorés avec votre vision périphérique. Résistez à la tentation de regarder autre chose que la tache noire.

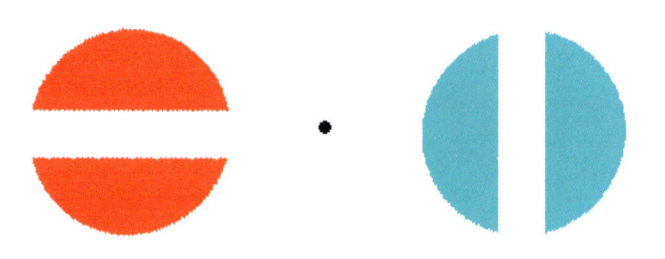

Notez que les zones colorées semblent être entourées par une aura d'une couleur différente. Lorsque les capteurs périphériques sont stimulés pendant un certain temps, nous avons des sensations de couleur, bien différentes de celles de la vision centrale. Plus vous vous concentrez, plus l'aura autour des zones colorées est lumineuse, car votre sensibilité augmente. Par le passé vous auriez pu regarder cette image pendant des heures et ne jamais rien voir. La concentration sur un endroit précis pendant une période suffisamment longue est la clé. Cet exercice ne permet pas encore de voir la « vraie » aura mais démontre le principe derrière la façon de regarder pour voir les auras humaines, en vous faisant prendre conscience de certaines capacités spécifiques de votre vue et de votre perception.

Exercice de concentration 2

Cet exercice vise à stimuler la communication entre les deux hémisphères du cerveau, augmentant ainsi le « pouvoir de traitement » nécessaire pour voir les auras. Placez l'image de la figure 2 à environ 1 mètre en face de vous. Étirez votre main vers l'avant de façon à placer l'un de vos doigts entre et sous les cercles.

Concentrez-vous sur la pointe de votre doigt et observez les cercles. Vous devriez voir 4 cercles. Ensuite, essayez de les faire se chevaucher au milieu pour voir un cercle avec une croix blanche au-dessus de votre doigt, au milieu et entre les deux. Réussir à voir la croix est la preuve que l'hémisphère gauche du cerveau (connecté à l'œil droit) communique avec l'hémisphère droit (connecté à l'œil gauche).

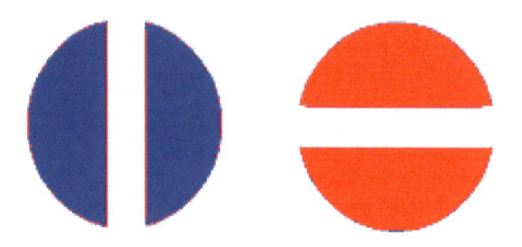

Cet exercice s'avère extrêmement bénéfique : 5 minutes de pratique peuvent doubler la taille de l'aura électro-photonique enregistrée par la bioélectrographie.

Tout d'abord, la croix flottera et semblera instable. Expérimentez différentes distances, de votre doigt à vos yeux, pour obtenir une croix parfaite. 3 à 5 minutes de maintien d'une croix parfaitement équilibrée, de préférence sans cligner des yeux, procure un gain significatif, mais la durée magique semble être d'environ 45 minutes de concentration, une durée connue pour faire une différence RÉELLE dans vos capacités mentales et de vision aurique.

D'après mon expérience, il est préférable de commencer par une minute ou deux, puis d'augmenter progressivement la durée de l'exercice, par exemple chaque semaine. Une concentration courte et intensive semble être meilleure qu'une longue séance mal faite.

Peu à peu, avec la pratique, vous devriez être en mesure de voir et de maintenir la croix sans utiliser votre doigt. Tout en maintenant la croix, essayer de prendre conscience des deux autres cercles ainsi que de tout ce qui se trouve autour, en utilisant votre vision périphérique. Vous devriez voir des couleurs auriques autour des cercles colorés avec votre vision périphérique. Lorsque vous pouvez analyser l'environnement en utilisant votre vision périphérique sans perdre la croix (et la concentration), vous êtes prêt à voir et à lire les auras.

Niveaux avancés de concentration

Un des traits dans la croix semble habituellement se trouver « au-dessus » de l'autre. Cela signifie que l'un de vos hémisphères cérébraux domine l'autre. Les hommes voient généralement le trait horizontal au-dessus (l'hémisphère gauche domine) et les femmes voient généralement le trait vertical au-dessus (l'hémisphère droit domine).

Essayez de mettre le trait « caché » en avant autant que possible, en vous concentrant. Le niveau de concentration idéal est celui vous permettant d'obtenir et de maintenir une croix parfaitement équilibrée, avec les quatre « bras » d'une intensité similaire, signifiant ainsi un équilibre parfait des deux hémisphères.

Beaucoup de gens ressentent des effets étonnants à ce stade. Premièrement, la concentration devient beaucoup plus profonde. Deuxièmement, après 2 à 3 minutes, votre vue s'altère et vous percevez un fond lumineux violet foncé ou rose. Votre sensibilité et votre conscience augmentent considérablement.

Plusieurs personnes m'ont indiqué que le port du « Chakra Shirt » (un vêtement bio-résonnant) améliore considérablement cette concentration, et mon expérience personnelle le confirme. Vous pouvez trouver ce genre de vêtement sur internet, par exemple ici[1]. Toutefois, ce n'est bien sûr pas indispensable et vous pouvez obtenir de très bon résultats dans la tenue de votre choix.

Couleurs et paires auriques

Dans les exercices de concentration 1 et 2, nous avons remarqué que les vraies couleurs sont entourées d'auras de différentes couleurs. Ces couleurs auriques ne sont pas aléatoires. Voici une liste de paires auriques pour toutes les couleurs de l'arc-en-ciel (couleurs monochromatiques) :

- Le **rouge** donne une aura **turquoise**, le **turquoise** donne une aura **rouge**.
- L'**orange** donne une aura **bleue**, le **bleu** donne une aura **orange**.

1 http://bioresonant.com/

- Le **jaune** donne une aura **violette**, le **violet** donne une aura **jaune**.
- Le **vert** donne une aura **rose**, le **rose** donne une aura **verte**.

Le tableau ci-dessus s'applique également aux couleurs intermédiaires, par exemple la couleur jaune-vert donne une aura rose-violet. Notez que les paires auriques ci-dessus sont DIFFÉRENTES des paires de couleurs complémentaires, des « roues de couleur » et des « espaces de couleur » promus par la science et l'art enseignés sur Terre. Chaque enfant peut confirmer que les paires auriques énumérées ci-dessus sont vraies.

Regardez attentivement autour de vous et vous verrez par vous-même que la Nature aime beaucoup les paires auriques. Prenez n'importe quel oiseau de couleur rouge, vous pouvez être sûr que cet oiseau aura aussi des parties du corps turquoise. Il en va de même des combinaisons bleu-orange, jaune-violet et vert-rose, non seulement chez les oiseaux, mais aussi chez les poissons, les papillons, les fleurs, etc. De temps en temps, vous verrez la meilleure « couleur suivante » au lieu du couple aurique parfait. Avez-vous remarqué que la PLUPART des fleurs qui poussent sur les arbres et sont donc entourées de feuilles VERTES sont soit violettes, soit roses (ou pourpres), soit rouges ? Les paires auriques dans la nature sont très stimulantes et induisent souvent un sentiment de beauté et de bonheur.

Vous avez besoin de mémoriser et de bien connaître les paires auriques ci-dessus. Pourquoi ? Parce que si vous voyez une aura rose autour d'une personne portant une robe verte, il y a de fortes chances que vous voyez « l'aura » de la robe, pas de la personne.

Voir les auras

Cet exercice est conçu pour voir l'aura pour la première fois et/ou pour l'entraînement. Choisir de bonnes conditions pour s'exercer est important : non seulement vous voyez mieux l'aura, mais vous gagnez aussi de la confiance quant à ce que vous voyez.

Placez une personne devant un fond BLANC UNI faiblement éclairé. Un fond de couleur changera les couleurs de l'aura, par conséquent vous aurez besoin de connaissances supplémentaires sur la combinaison des couleurs avant d'en arriver là. En effet, certaines combinaisons entre les couleurs en arrière-plan et l'aura peuvent causer des problèmes d'interprétation et conduire à des conclusions erronées.

Choisissez UN ENDROIT où regarder. Le milieu du front est TRÈS BIEN. Il s'agit de l'emplacement de ce qu'on appelle le chakra frontal, le fameux Troisième œil ou Œil de sagesse, situé à 1,5 cm au-dessus du nez, entre les yeux. Dans certaines cultures, notamment en Inde, on appose une marque sur le front à cet endroit. Autrefois, cette marque était comme une invitation à regarder et à voir l'aura.

Fixez cet endroit, ou ce point, durant 30 à 60 secondes, ou même plus.

Après 30 secondes, analysez l'environnement avec votre vision périphérique, tout en regardant toujours le même endroit. Maintenir la concentration est le plus important. Résistez à la tentation de regarder autour de vous. Vous devriez voir que l'arrière-plan à proximité de la personne est plus lumineux et a une couleur différente de l'arrière-plan situé plus loin. C'est votre propre perception de l'aura. Plus vous vous concentrerez, mieux vous la verrez. Rappelez-vous, la concentration sur un seul point augmente votre sensibilité en augmentant l'effet de la vibration de l'aura qui atteint vos yeux.

Prendre une « photo instantanée » de l'aura

Après vous être concentré assez longtemps pour voir l'aura, fermez les yeux. Pendant une seconde ou deux, vous verrez SEULEMENT l'aura. Soyez prêt. Vous n'avez qu'une ou deux secondes jusqu'à ce que vos cellules photosensibles cessent de vibrer et d'envoyer des sensations visuelles au cerveau. Si vous manquez ce créneau, vous devrez recommencer et vous concentrer à nouveau. Essayez d'expérimenter et de mesurer à quelle vitesse vous devez fermer les yeux.

Observer l'aura d'autres personnes

Encore une fois, le mieux est de regarder directement le chakra frontal et de chercher à atteindre l'état d'esprit similaire à la technique de concentration décrite ci-dessus, durant au moins 30 à 60 secondes. J'ai personnellement essayé de regarder également les chakras de la gorge et du cœur, avec des résultats similaires. Toutefois, si vous vous concentrez sur la poitrine de quelqu'un, cela semble si inhabituel que la personne concernée est généralement très inquiète à ce sujet ! Lorsque vous regardez le chakra du front d'une personne, vous pouvez réellement continuer la conversation.

Encore une fois, un fond très légèrement illuminé et sans ombres est le meilleur. Avec la pratique, tout fond illuminé uniformément (tel qu'un ciel bleu par exemple) suffira.

Comment voir votre propre aura

Tenez-vous debout devant un miroir de bonne taille, à environ 1,5 m. Au début, il est préférable que l'arrière-plan derrière vous soit blanc, clair et qu'il n'y ait pas d'ombres. L'éclairage doit être TRÈS doux et uniforme, non lumineux. Suivez les instructions ci-dessus pour voir votre aura.

PRATIQUEZ pendant au moins 10-15 minutes chaque jour pour augmenter votre sensibilité et développer la vision aurique. Rappelez-vous que la pratique est nécessaire et même essentielle pour réussir.

Vision aurique et images résiduelles

L'une des questions les plus fréquemment posées au cours de mes ateliers est : « Est-ce que mes yeux me jouent des tours ? » La réponse est non, vous venez d'apprendre à prêter attention à ce que vos yeux sont capables de voir. Les capteurs de lumière de nos yeux (pour le rouge, le vert et le bleu) sont des capteurs de vibrations qui sont non-linéaires et qui ont une mémoire. La conséquence de cette mémoire est qu'ils peuvent osciller pendant plusieurs secondes après que la stimulation visuelle ait été interrompue.

Cette mémoire de la stimulation visuelle est souvent perçue comme une image résiduelle. Les images résiduelles ont exactement la même forme que les images originales. L'image résiduelle d'un objet entouré par son aura est plus grande que l'image originale. L'augmentation de cette image secondaire est due à la vibration de l'aura et représente réellement un « instantané » de cette aura. Il est donc essentiel de se concentrer à un endroit précis en regardant l'aura et de résister à la tentation de changer de point de focalisation, sinon l'image de l'aura peut se confondre avec l'image résiduelle de l'objet.

Signification de l'aura et de ses couleurs

L'aura est un reflet de notre vraie nature à tout moment. À ce stade, il est peut-être nécessaire d'expliquer ce que je veux dire par « vraie nature » et pourquoi un effort est nécessaire pour la « découvrir ». Notre société semble mettre l'accent sur les symboles, les stéréotypes, les habitudes, les manières, le comportement superficiel, le paraître, suivre les autres et soumettre le libre arbitre à certains « leaders ». Notre « éducation » semble basée sur les opinions et les attentes des gens qui essaient de contrôler le troupeau.

Notre vraie nature est ce qui reste quand nous reconnaissons et rejetons toutes nos habitudes, stéréotypes, manières et prétentions, comportement superficiel et que nous devenons pleinement conscient, vraiment naturel et spontané. Notez que certaines personnes sont tellement attachées à leurs mœurs et habitudes qu'il leur est très difficile, voire impossible, de découvrir qui elles sont réellement. La seule façon d'obtenir un aperçu instantané de leur personnalité semble être en regardant leur aura, parce que l'aura montre la vraie nature, derrière toute la façade du comportement superficiel.

En général, plus colorée, plus propre et plus lumineuse est l'aura, meilleure et plus spirituellement avancée est la personne. De plus, plus la répartition de l'énergie dans l'aura est uniforme, plus la personne est saine et équilibrée.

La distribution de l'énergie dans l'aura semble avoir le potentiel d'un puissant outil de diagnostic médical, mais nécessite habituellement l'utilisation d'un équipement complexe. L'objectif de ce livre est de nous concentrer sur ce que nous pouvons facilement voir avec nos yeux.

Notre aura entoure entièrement notre corps, mais l'interprétation des couleurs ci-dessous se rapporte à l'aura autour de la tête seulement. La signification des couleurs autour de la tête présentée ci-dessous et suggérée dans la littérature a été confirmée par l'auteur. Lorsque vous apprenez à bien voir l'aura, vous pouvez le vérifier par vous-même, en vous concentrant sur certaines pensées tout en regardant votre aura, ou en disant aux gens ce que sont leurs pensées quand vous voyez leurs auras.

Habituellement, les gens ont une ou deux couleurs dominantes (points forts) dans leur aura. Ces couleurs (ou leurs paires auriques) seront très probablement leurs couleurs préférées.

En plus des couleurs dominantes, l'aura reflète les pensées, les sentiments et les désirs, qui apparaissent comme des « flashes », des « nuages » ou des « flammes », généralement plus loin de la tête. Par exemple, un flash d'orange dans l'aura indique une pensée ou un désir d'exercer le pouvoir et le contrôle.

L'orange comme couleur dominante est un signe de pouvoir et de capacité générale à contrôler les gens. Les « flashes » qui changent rapidement révèlent une évolution rapide des pensées.

Signification des couleurs originelles dans l'aura

(couleurs de l'arc-en-ciel, couleurs vives, brillantes, monochromatiques) :

Pourpre : indique des pensées spirituelles. Le pourpre n'est jamais un élément fort dans l'aura. Il apparaît seulement comme « nuages » et « flammes » temporaires, ce qui indique des pensées vraiment spirituelles.

Bleu : existence équilibrée, maintien de la vie, facilité du système nerveux, transmission des forces et de l'énergie. Les gens avec beaucoup de bleu dans leur aura sont détendus, équilibrés et se sentiraient capable de vivre dans une grotte et de survivre. Ils sont nés survivants. Une pensée bleue est une pensée qui détend le système nerveux et permet d'atteindre l'équilibre de l'esprit, ou une pensée de survie. Le bleu électrique peut remplacer toute autre couleur dans l'aura lorsque la personne reçoit et/ou transmet des informations dans une communication télépathique.

Turquoise : indique la qualité dynamique de l'être, une personnalité hautement énergétisée, capable de projection, d'influencer les autres. Les gens avec une dominante turquoise dans leur aura peuvent faire beaucoup de choses simultanément et sont de bons organisateurs. Ils s'ennuient lorsqu'ils sont obligés de se concentrer sur une seule chose. Les gens aiment les patrons avec une aura turquoise, parce que ces patrons expliquent leurs objectifs et influencent leur équipe plutôt que de simplement demander que l'on exécute leurs ordres. La pensée turquoise est une pensée en rapport avec le fait d'organiser et d'influencer les autres.

Vert : repos, modification de l'énergie, capacité de guérison naturelle. Tous les guérisseurs naturels devraient l'avoir. Les gens avec une dominante verte dans leur aura sont des guérisseurs naturels. Plus l'aura contient du vert, meilleur est le guérisseur. Ces personnes aiment aussi le jardinage et ont généralement une « main verte » - tout grandit pour eux. Être en présence d'une personne avec une forte aura verte est une expérience très paisible et reposante. La pensée verte indique un état de repos et de guérison.

Jaune : joie, liberté, non-attachement, libération des forces vitales. Les gens qui irradient du jaune sont pleins de joie intérieure, très généreux et attachés à rien. Auréole jaune autour de la tête : développement spirituel élevé. C'est la signature d'un maître spirituel. N'acceptez pas les enseignements spirituels de ceux qui n'ont pas un tel halo jaune. Bouddha et le Christ avait des halos jaunes s'étendant jusqu'à leurs bras. Aujourd'hui, il est rare sur Terre de trouver une personne avec un halo plus grand que 2 ou 3 cm. Un halo jaune est le résultat d'un chakra frontal très actif (qui peut être vu en rouge-violet par beaucoup de gens dans mes ateliers). Les personnes hautement spirituelles stimulent continuellement le chakra frontal depuis de nombreuses années, car elles maintiennent toujours dans leur esprit d'intenses pensées spirituelles. Lorsque ce chakra est observé alors qu'il est très actif, un halo jaune (paire aurique) apparaît autour de lui, entourant la tête entière. La pensée jaune indique un moment de joie et de contentement.

Orange : réjouissant et absorbant. Inspirant. Un signe de pouvoir. Capacité et/ou désir de contrôler les gens. Lorsque l'orange devient dominant, il contribue généralement à un halo jaune, qui devient alors doré, indiquant non seulement un maître spirituel, mais également un puissant professeur spirituel, quelqu'un capable de démontrer ses capacités uniques. La pensée orange est une pensée sur l'exercice du pouvoir ou un désir de contrôler les gens.

Rouge : pensées matérialistes, pensées sur le corps physique. L'aura rouge prédominante indique une personne orientée vers le matérialisme.

Rose (= violet + rouge) : l'amour (dans un sens spirituel). Pour obtenir un rose propre, vous devez mélanger le violet (la fréquence la plus élevée que nous pouvons percevoir) avec le rouge (la fréquence la plus basse). Une aura rose indique que la personne a atteint un équilibre parfait entre la conscience spirituelle et l'existence matérielle. Les personnes les plus avancées ont non seulement un halo jaune autour de la tête (un élément fort et permanent dans l'aura), mais aussi une grande aura rose qui s'étend plus loin. La couleur rose dans l'aura est assez rare sur Terre et apparaît seulement comme pensée temporaire, jamais comme un élément dominant dans l'aura.

Signification des couleurs altérées dans l'aura

(couleurs apparaissant plus sombres, comme une fumée plutôt qu'une lueur) :

Brun/marron : inquiétant, distrayant, matérialiste, négation de la spiritualité.

Gris : pensées sombres, pensées déprimantes, intentions peu claires, présence d'un côté sombre de la personnalité.

Soufre (couleur moutarde) : douleur ou manque d'aisance, colère.

Blanc : maladie grave, stimulation artificielle (médicaments). Pourquoi la couleur blanche dans l'aura indique-t-elle des problèmes ? La couleur blanche est comme un bruit, plutôt qu'un ensemble de tons harmonieux (couleurs monochromatiques). Il est impossible d'accorder du bruit à un orchestre jouant une musique harmonieuse, d'où une aura blanche indique un manque d'harmonie dans le corps et l'esprit. La nature, dont nous faisons partie, est harmonieuse. Cette harmonie vient sous forme de « tonalités », de vibrations discrètes ou harmoniques, partiellement décrites par la physique quantique moderne.

Plusieurs heures avant la mort, l'aura devient blanche, et augmente considérablement en intensité. Pour cette raison, dans la plupart des cultures, la « mort » est représentée en BLANC (pas en noir), car par le passé, les gens pouvaient effectivement voir une aura blanche avant la mort. Il semble que nos ancêtres en savaient beaucoup plus que ce que nous sommes prêts à admettre.

Amplification des vibrations de l'aura et bio-énergie

Les choses qui peuvent grandement amplifier votre aura sont :

- La méditation (purifier votre esprit de toute pensée)
- L'exercice de concentration avec la croix
- Assortir votre aura à l'environnement

C'est ce dernier point que nous allons voir à présent.

Assortir votre aura à l'environnement

Quand nous faisons correspondre les fréquences vibratoires (spectres) de ce que nous portons avec celles émises naturellement par notre corps et notre esprit, nous créons les conditions pour expérimenter un état d'harmonie tout à fait unique. L'effet peut être comparé à l'accordage d'un instrument de musique. Sans accordage, tout ce que vous pouvez faire avec un instrument est du bruit, plutôt qu'une musique harmonieuse.

Essentiellement, il existe 3 techniques pour assortir votre aura avec l'environnement :

- **Assortir l'aura avec vos couleurs dominantes.** Lorsque nous découvrons ce que sont les « points forts » (les couleurs dominantes) dans notre propre aura, nous pouvons essayer de faire correspondre notre environnement ou nos vêtements avec ces couleurs. Par exemple, une nouvelle décoration de notre intérieur pour parvenir à une meilleure correspondance avec notre aura se traduira par une stimulation positive de notre pensée et nous aidera à améliorer notre bien-être dans de nombreux domaines. En accord avec ce que fait la nature pour nous stimuler, nous devrions également utiliser les paires de couleurs auriques. Par exemple, si votre aura contient principalement du vert, vous devriez utiliser du vert ainsi que du rose clair dans vos décorations ou vos vêtements.

- **Faire correspondre votre environnement à la fréquence de vos pensées.** La fréquence des pensées a été décrite dans la section traitant du sens des couleurs dans l'aura. Par exemple, si vous voulez détendre votre esprit (une pensée bleue), un environnement bleu amplifiera votre pensée. Vous avez peut-être remarqué que lorsque vous sortez de la maison le matin et que le ciel est parfaitement bleu, vous vous sentez détendu avant même d'avoir eu le temps de penser à autre chose. C'est parce que toute pensée allant dans le sens de la détente de l'esprit est assistée par la vibration bleue du ciel. Lorsque le ciel est gris, vous avez des pensées déprimantes avant même de le remarquer. Notez que la mode du « blue jeans » est très populaire, car elle nous aide à atteindre un esprit détendu. Essayer de promouvoir les jeans marrons s'avérerait tout à fait inutile.

- **Augmenter la fréquence et la circulation énergétique dans votre corps.** Ceci est peut-être la stimulation naturelle ultime, mais exige des vêtements spécialement conçus, tels que le « Chakra Shirt » mentionné plus haut. Les résultats sont assez semblables à l'action de l'acupuncture mais au lieu d'aiguilles, un ensemble de 16 couleurs clés est utilisé ici.

Quelques améliorations spectaculaires dans le domaine de la bioénergie (et donc de l'aura) ont été observées quelques minutes seulement après que la personne s'en soit vêtue.

Dans tous les cas, l'utilisation de couleurs propres, quasi-monochromatiques (arc-en-ciel) semble essentielle. Elles peuvent être subtiles et délicates, mais elles doivent contenir des harmoniques de vibrations « arc-en-ciel » propres et distinctes.

Suppression de la négativité dans l'aura

Les choses qui semblent réduire, étouffer ou déformer votre bio-énergie (aura) sont :

- La PEUR, le stress, l'anxiété, la haine, l'envie, la jalousie ou toutes autres pensées ou sentiments négatifs.

- Les problèmes physiques dans votre corps - la maladie, la stimulation artificielle (drogues), etc. Ils peuvent engendrer une augmentation temporaire de la taille de l'aura - cet effet est similaire à l'élévation de la température naturelle de votre corps pendant la maladie. Vous devez apprendre à LIRE l'aura pour diagnostiquer une telle crise. Le plus probable est que cette aura augmentée sera blanche.

- Les vêtements et l'environnement se heurtent à votre aura. Les vêtements de couleurs ternes absorbent votre bio-énergie plutôt que de l'améliorer harmonieusement. Il est intéressant de noter que sur Terre, les hommes meurent beaucoup plus tôt que les femmes, indépendamment de leur origine culturelle et ethnique, ou de leur régime alimentaire. À mon avis, ceci est lié au fait que les hommes s'habillent avec des couleurs noires ou grises la majeure partie de leurs vies et qu'ils utilisent rarement des couleurs. Les femmes utilisent beaucoup plus de couleurs dans leurs vêtements, et les changent fréquemment. Fait intéressant, beaucoup d'oiseaux mâles dans la nature sont beaucoup plus « lumineux » que les femelles. Et ILS vivent plus longtemps. La nature nous donne toujours un indice. Tout ce que nous avons à faire est de l'observer et d'en adopter les idées. Un effet immédiat de porter des vêtements gris, noirs ou bruns est qu'ils vous fatiguent plus vite. Avez-vous remarqué que les jeunes d'aujourd'hui semblent être BEAUCOUP PLUS ÂGÉS qu'ils ne le devraient ?

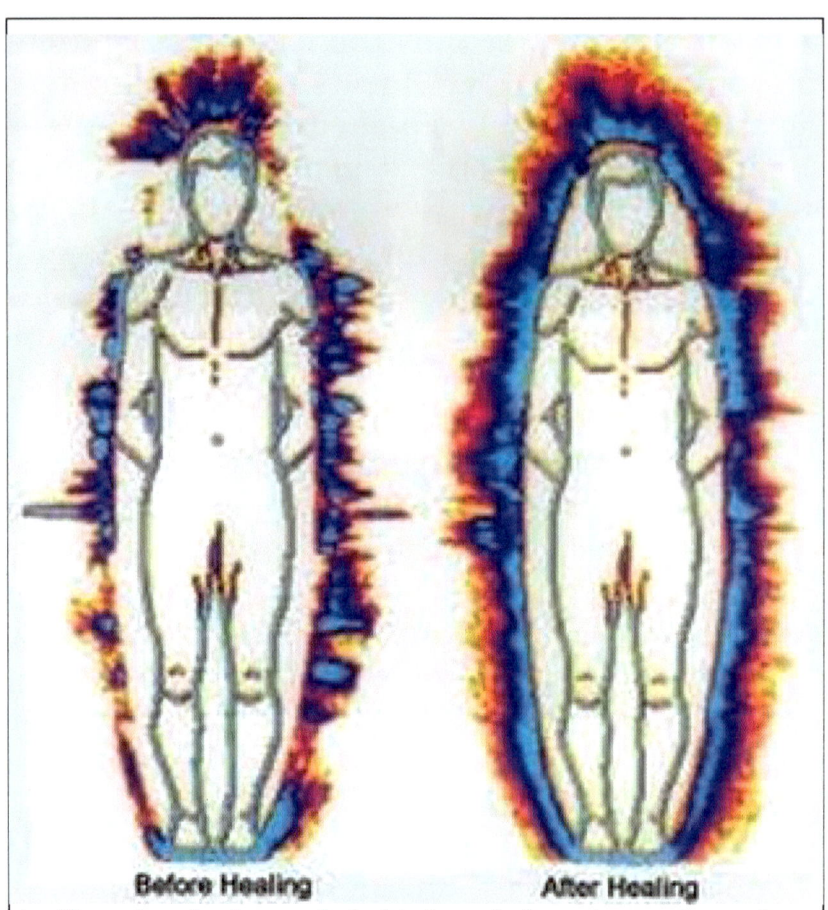

Amélioration du champ de la bioénergie humaine après quelques minutes de stimulation colorimétrique bio-résonnante. Reconstruction composite du champ de bioénergie humaine en utilisant la méthode de Korotkov.

Ne serait-il pas logique d'éviter tout ce qui précède autant que possible ? « Cultiver » n'importe lequel des points que nous venons d'évoquer pendant une période prolongée peut avoir un effet permanent sur votre psyché et votre aura.

Conclusion

En développant la capacité de voir l'aura, les possiblités sont infinies. Apprenez à lire votre propre aura et celle des autres améliorera votre vie, votre santé et votre développement spirituel. Vous n'avez pas besoin d'être spécial, mystique ou quoi que ce soit pour y parvenir. Tout ce que vous avez à faire est de pratiquer en utilisant les exerices simples décrits dans ce livre. Quand vous maitriserez votre capacité de voir l'aura « à volonté », vous pourrez cherchez à affiner votre connaissance du sujet. Une vie n'y suffirait pas et fort heureusement, de nombreux livres existent sur le sujet.
Je vous souhaite un bon éveil et de belles découvertes dans ce domaine !

BONUS : Le corps astral

Souvent, le corps astral est confondu avec l'aura. Le corps astral est la partie la plus importante de notre Être, parce que notre conscience y est noyée. La vibration de l'aura s'arrête lorsque notre corps physique meurt. Le corps astral est éternel : sa durée de vie serait d'environ 10^{22} ans, ce qui s'approche de la durée de vie de l'Univers. Le corps astral est une masse électronique contenant environ 4^{21} (4.000.000.000.000.000.000.000) électrons.

Nos physiciens doivent encore découvrir que les électrons de notre corps astral ont une énorme capacité de mémoire et qu'ils contiennent en fait de l'information et de l'intelligence qui contrôlent toutes les fonctions de notre esprit et de notre corps, y compris tous les processus de guérison. Ce corps astral est réellement notre vrai « nous ». Dans le jargon informatique, notre corps physique est le matériel, équipé de capteurs, d'émetteurs, de récepteurs et d'actionneurs, et le corps astral électronique contient le logiciel, la mémoire, le stockage des données ainsi que la conscience et le libre arbitre de l'opérateur, qui décide quoi faire.

Il est possible que nos corps physiques soient imparfaits, ou deviennent malades, simplement parce que nous n'avons pas encore développé notre conscience pour les construire et les contrôler mieux. Le but ultime est de pouvoir contrôler consciemment l'activité de chaque cellule de notre corps et en particulier de les régénérer (les rajeunir) à volonté. Si nous pouvons accomplir ceci, nous serons éternellement jeunes et nous pourrons décider quand et comment nous voulons changer nos corps physiques. Nous aurons également la liberté totale soit d'être dans le corps physique (nécessaire en tant qu'outil si vous voulez aider les autres), soit de rejoindre la Source de la conscience et de rester dans notre corps astral. Imaginez la joie et le plaisir que nous pourrons ressentir alors. Ce n'est pas un rêve. C'est la réalité.

Il n'y a que deux choses qui peuvent endommager l'information stockée dans notre corps astral et nous blesser pour de nombreuses vies à venir : la drogue et le bruit très fort.

Expérience pour voir votre corps astral

Placez vos index très près, presque à se toucher, de préférence devant un fond mat et foncé. Un fond noir convient très bien. Regardez entre et autour de vos doigts. Vous devriez noter que le fond proche de vos doigts est plus lumineux. Cette lueur bleutée transparente et légèrement brillante provient en fait de la partie « électronique » de votre corps astral. En joignant vos mains, vous fermez ce circuit électronique, rendant le corps astral plus visible. La forme de votre corps astral électronique suit de près celle de votre corps physique. Certaines personnes ont un corps astral relativement fort et brillant, s'étendant 10 mm ou plus au-delà de leur corps physique. Typiquement, 2 à 4 mm sont considérés comme la moyenne pour une personne en bonne santé sur Terre.

Merci !

Vous avez fait votre première expérience de vision d'aura grâce à la méthode présentée ici ?
Ou tout simplement ce livre vous a plu ?

Si oui, pourquoi ne pas laissez un commentaire sur Amazon afin de témoigner et de partager ce que vous avez appris ?

Plus nous serons nombreux à nous éveiller aux autres dimensions et à notre vraie nature, mieux le monde se portera.

Quant à moi, je vous remercie d'avoir pris le temps de lire ce petit guide pratique de la série « Droit au but ! » qui, comme son nom l'indique, a été créée pour vous aider à atteindre votre but rapidement et sans fioritures !

Série « Droit Au But ! »

Toutes les thématiques exposées, toutes les techniques révélées... simplement et sans fioritures !

Une nouvelle collection de guides pratiques clairs et simples à lire, qui vous présentent les meilleures techniques pour réussir sur les sujets traités.

Déjà paru :

Libérez-vous de votre corps ! : 10 techniques redoutablement EFFICACES pour faire ENFIN un voyage astral

Ouvrez votre 3e oeil !: Réveillez INSTANTANÉMENT votre glande pinéale avec 2 exercices simples et redoutablement EFFICACES

Atteignez vos objectifs grâce à l'auto-hypnose: Une technique simple et rapide à appliquer au quotidien !

Printed in Poland
by Amazon Fulfillment
Poland Sp. z o.o., Wrocław